Eines vorab lieber Leser, liebe Leserin,

wenn Dir das Buch gefällt, dann schreibe doch bitte eine Rezension auf Amazon, mache ein Foto oder Screenshot und sende sie uns an **amazon@woelk-group.de**.

Als Dankeschön erhältst Du kostenlose das süße Tierbilder-Set für Mädchen oder Jungs oder das moderne Bilder Set „Kiss“.

Schreibe einfach Deinen Namen, Adresse und welches Bilder-Set Du möchtest.

Ganz lieben Dank!

Liebe Eltern, liebe Erziehungsberechtigte, liebe junge Entdecker,

willkommen zu "52 Positive Affirmationen für Jungs ab 8 Jahren: Ein Jahr voller Selbstvertrauen und Erfolg!" Dieses Arbeitsbuch ist ein liebevoll gestalteter Begleiter für Kinder im Alter von 8 bis 15 Jahren, um sie auf eine fesselnde Reise durch die Welt des Selbstvertrauens und der positiven Selbstbestätigung mitzunehmen.

In der heutigen Welt werden wir mit vielen Veränderungen und Herausforderungen konfrontiert. Wir alle suchen nach einem Kompass, der uns den Weg zu innerer Stärke und positivem Denken weist. Als Eltern wissen wir, wie wichtig es ist, unseren Kindern Werkzeuge an die Hand zu geben, um ein gesundes Selbstbewusstsein und Selbstliebe zu entwickeln. Genau hier setzen wir an.

Auf den folgenden Seiten werden wir gemeinsam mit unseren jungen Entdeckern eine faszinierende Reise antreten – eine Reise, die uns zu den tiefsten und faszinierendsten Ecken ihrer Persönlichkeit führen wird. Ein Jahr lang werden wir uns Woche für Woche auf positive Affirmationen konzentrieren und trainieren, um das Selbstvertrauen unserer Kinder zu stärken und ihre einzigartigen Eigenschaften sichtbar zu machen.

Jede Woche werden wir eine neue positive Affirmation verankern. Diese einfachen, aber kraftvollen Sätze sind wie magische Schlüssel, die Türen öffnen und verborgene Schätze freilegen – Schätze, die bereits in den Herzen und Köpfen unserer jungen Entdecker schlummern. Durch einfache Übungen festigen wir Glaubenssätze und fördern so die Kinder darin, über den Tellerrand hinauszuschauen und ihren Charakter zu stärken.
Durch bunte Illustrationen und kreative Aktivitäten werden wir die Affirmationen mit Leben füllen. Wir werden mutige Abenteuer bestehen, Herausforderungen überwinden, an uns selbst glauben und unsere Vorstellungskraft entfesseln. Und während wir uns auf dieser aufregenden Reise befinden, werden wir sehen, wie das Selbstvertrauen unserer Kinder von Woche zu Woche wächst und gedeiht.

Eure Unterstützung und Liebe bedeuten die Welt!

So könnt ihr das Buch durcharbeiten:

Das Buch ist auf 52 Wochen ausgelegt, also für jede Woche eines Jahres, eine Seite. Dabei spielt es keine Rolle, ob ihr wirklich in der ersten Kalenderwoche anfangt. Ihr könnt jeder Zeit mit den 52 Wochen beginnen. Ich schlage vor, dass das Erfüllen einer Aufgabe und das Wiederspiegeln durch die Notizen auf jeder Seite, mit etwas positivem - einer Belohnung verknüpft werden. Die Entdecker sollen Spaß daran habe, sich weiterzuentwickeln und das Buch mit Leben zu füllen.

Inhalt

WOCHE 1. Ich bin klug und wissbegierig

Übung:

Finde in einem Themenbereich Deiner Wahl eine Tatsache, die die wenigsten kennen. Erzähle zwei Menschen von diesem Fakt und prüfe, ob sie es tatsächlich nicht wussten. Beispiel: Du interessierst Dich für Fussball und findest folgendes heraus: Der höchste, jemals offiziell gemessene, Schussgeschwindigkeitsrekord eines Fußballs liegt bei erstaunlichen 210,8 km/h und wurde von dem Fußballspieler Ronny Heberson aufgestellt. Na, wusstest Du das?

Schreibe hier den Fakt auf, den Du entdeckt hast. Es können auch mehrere sein.

WOCHE 2. Meine Ideen sind wertvoll und wichtig

Übung:

Mache Dir Gedanken, gerne auch mit Freunden zusammen, was Du oder ihr unternehmen könnt, um die Welt ein Stückchen besser zu machen.
Beispiel: Einen Baum pflanzen oder Müll vermeiden.
Erzähle Deinen Eltern und Lehrern von der Idee und viel wichtiger, setze diese Idee in die Tat um.

Schreibe hier Deine Ideen auf.

WOCHE 3. Ich bin mutig und kann Herausforderungen meistern

Übung:

Suche Dir eine Aufgabe, vor der Du immer Respekt hattest und bewältige sie. Beispiele: Probiere etwas, das Du noch nie vorher gemacht hast – lerne ein Instrument oder einen Zaubertrick und führe ihn auf.

Welche Herausforderung hast Du gemeistert? Schreibe es hier auf.

WOCHE 4. Meine Kreativität kennt keine Grenzen

Übung:

Erstelle ein Kunstwerk.
Male ein besonders schönes Bild, erschaffe etwas handwerklich, schreibe ein Gedicht oder komponiere ein Lied. Wichtig bei dieser Übung ist, dass Du Dir besonders viel Mühe gibst, so dass Du selbst stolz darauf bist.

Welches Kunstwerk hast Du erschaffen? Schreibe es auf oder klebe ein Foto hier rein.

Platz für Kunstwerke

WOCHE 5. Ich bin ein guter Freund und habe ein gutes Herz

Übung:

Gute Freunde zeichnen sich darin aus, füreinander da zu sein und sich positiv zu beeinflussen. Mache diese Woche drei Deiner Freunde ein ehrlich gemeintes Kompliment. Gerne kannst Du auch einem Geschwisterteil oder einer anderen Person ein Kompliment machen.

Wem hast Du welches Kompliment gemacht?

WOCHE 6. Ich bin einzigartig und das ist etwas Besonderes.

Übung:

Jeder Mensch ist einzigartig und unterscheidet sich von jedem anderen Menschen. Finde eine Sache die Dich einzigartig macht. Etwas, das nur Du kannst oder ein Merkmal an Dir, das nur Du hast. Zum Beispiel kannst Du mit den Ohren wackeln, besonders schön singen, hast eine Narbe oder ein Muttermal?

Was macht Dich einzigartig? Schreibe es auf.

WOCHE 7. Ich verdiene Liebe und Respekt

Übung:

Sprich diese Woche besonders offen darüber, wenn Dir Liebe fehlt oder Du Dir einfach eine Umarmung wünschst. Sage es deutlich, wenn Du Dich nicht respektvoll behandelt fühlst.

In welcher Situation hast Du Zuneigung gebraucht? Hast Du sie bekommen, nachdem Du es angesprochen hast?

WOCHE 8. Ich kann aus Fehler lernen und wachsen

Übung:

Aus Fehler lernt man. Viele denken, dass man keine Fehler machen darf. Das ist falsch! Wenn Du einen Fehler machst, wirst Du wissen, wie etwas NICHT geht. Achte diese Woche auf Deine Fehler und ganz besonders darauf, was Du daraus gelernt hast. Was wirst Du das nächste Mal anders machen?

Welche Fehler hast Du gemacht und was hast Du daraus gelernt? Schreibe es auf.

WOCHE 9. Ich bin geduldig und verständnisvoll

Übung:

Es läuft nicht immer alles so, wie man es sich vorstellt und manchmal dauert etwas seine Zeit.
Achte diese Woche darauf, ruhig zu bleiben, wenn Du das Gefühl hast, etwas geht Dir nicht schnell genug.

In welcher Situation bist Du cool geblieben, in der Du früher anders reagiert hättest?

____

____

____

____

____

____

WOCHE 10. Ich bin großzügig und hilfsbereit

Übung:

Du hast doch sicherlich Spielzeug, das Du nicht mehr benutzt oder Klamotten, die Dir nicht mehr passen. Suche zusammen mit Deinen Eltern einige Sachen heraus, die Du Kindern spendest, die nicht so viel haben.
Hilf anderen ohne dazu aufgefordert zu werden. Du wirst sehen, wenn Du gibst, bekommst Du es hundertfach zurück.
Es macht glücklich anderen Menschen etwas Gutes zu tun.

Was hast Du Gutes getan und wie hast Du Dich dabei gefühlt?

WOCHE 11. Ich habe ein gutes Gespür für Gerechtigkeit

Übung:

Du kennst es vielleicht aus der Schule, jemand wird unfair behandelt. Niemand möchte schlecht behandelt oder belogen werden. Setze Dich diese Woche besonders stark für Gerechtigkeit ein.

In welcher Situation konntest Du für Gerechtigkeit sorgen? Schreibe es auf.

____

____

____

____

____

____

WOCHE 12. Ich bin einfallsreich und kann Probleme lösen

Übung:

Probleme sind nur dornige Chancen. Achte darauf, auf welche Probleme Du in dieser Woche stößt und wie Du sie ein für alle Mal aus dem Weg schaffen kannst. Gibt es etwas, das Dich schon länger nervt, das Du ändern kannst?

Ich bin gespannt, welches Problem Du gelöst hast. Notiere es hier.

WOCHE 13. Ich bin verantwortungsbewusst und zuverlässig

Übung:

Verbindlich zu sein und das einzuhalten, was Du versprichst, unterscheidet Dich von 80% der Menschen um Dich herum. Wenn Du etwas zusagst, halte es ein. Achte diese Woche besonders darauf, in welchen Situationen Du verantwortungsvoll und zuverlässig warst.

Schreibe hier einige Situationen auf.

WOCHE 14. Ich habe eine positive Ausstrahlung und verbreite Freude

Übung:

Lächle. Du machst die Welt dadurch ein Stückchen besser. Ein Lächeln lässt Dich sofort freundlicher erscheinen und wie Du weißt, „wie man in den Wald ruft, so schallt es heraus."
Lächle also bei jeder Begegnung mit anderen Menschen. Ob beim Bäcker, beim Sport oder in der Schule.

Welche Erfahrungen hast Du gemacht? Waren andere Dir gegenüber auch freundlicher?

WOCHE 15. Ich kann mich gut ausdrücken und meine Gefühle mitteilen

Übung:

Es ist gut über seine Gefühle zu sprechen.
Teile Deinen Mitmenschen mit, wenn Dir etwas gefällt und auch, wenn Dir etwas nicht gefällt.

Hast Du mit anderen über Deine Gefühle gesprochen? Schreibe Deine Erfahrungen auf.

WOCHE 16. Ich bin wertvoll und wichtig, genau so, wie ich bin

Übung:

Viele Menschen wollen Dich beeinflussen und verändern, damit Du besser zu ihnen passt.
Lasse Dir nicht reinreden. Du bist richtig, genau wie Du bist.
Achte diese Woche darauf, ob Du solche Situationen erkennst und lasse Dich nicht ändern, es sei denn zum Positiven.

Wann wollte Dich jemand beeinflussen und hast Du Dich darauf eingelassen?

WOCHE 17. Ich habe ein gutes Gespür für Humor

Übung:

Lachen ist gesund.
Deshalb nutze die Gelegenheiten um Spaß am Leben zu haben. Frage Deine Freunde nach deren Lieblingswitz.

Schreibe den besten Witz hier auf.

WOCHE 18. Ich bin kreativ und denke um die Ecke

Übung:

Du denkst auch mal um die Ecke, heißt, Du findest kreative Lösungen. Die Übung ist nicht einfach. Finde eine Situation, an der Dich etwas stört oder Du der Meinung bist, dass man das einfacher oder schneller erledigen kann. Sei dabei kreativ und gehe außergewöhnliche Wege.

Welche Herausforderung konntest Du meistern?

____

____

____

____

____

____

WOCHE 19. Ich kann anderen Menschen helfen und sie unterstützen

Übung:

Hilfsbereitschaft beginnt mit kleinen Gesten. Halte anderen die Tür auf, wenn jemandem etwas herunter fällt, hebe es auf, hilf etwas zu tragen. Suche diese Woche solch kleine Möglichkeiten, um anderen Menschen zu helfen.

Welche Situation hast Du erlebt?

WOCHE 20. Ich bin in der Lage, für mich selbst einzustehen

Übung:

In vielen Situationen im Leben fühlt man sich unsicher und möchte andere Meinungen hören. In dieser Übung geht es darum, dass Du das, was Du Dir vorgenommen hast, einfach einmal durchziehst. Ohne Dich von anderen Menschen beeinflussen zu lassen.

Was hast Du diese Woche durchgezogen und genau so gemacht, wie Du es Dir vorgenommen hast?

WOCHE 21. Ich bin einfühlsam und zeige Mitgefühl

Übung:

Manchmal sieht man Freunden oder Bekannten an, dass irgendetwas nicht stimmt. Sie sind traurig oder einfach schlecht drauf. Halte diese Woche die Augen auf, ob einer Deiner Freunde auch den Eindruck macht, dass er oder sie eine starke Schulter zum Anlehnen braucht.

Wem konntest Du diese Woche eine Hilfe sein?

WOCHE 22. Ich habe die Kraft, schwierige Zeiten zu überwinden

Übung:

Im Leben klappt nicht immer alles, wie man es gerne hätte, aber jeden Tag geht die Sonne wieder auf. Achte in diese Woche darauf, ob Du so eine schwere Herausforderung vor Dir hast, an der Du normal verzweifelt wärst. Glaube an Dich selbst und meistere die Situation.

Was war eine schwere Aufgabe für Dich und wie hast Du sie gemeistert?

WOCHE 23. Ich bin fähig, meine Träume zu verwirklichen

Übung:

Du kannst alles schaffen, was Du willst. Wirklich alles! Es hilft leider nicht, nur zu hoffen, sondern Du musst etwas dafür tun. Fange diese Woche damit an, Deine 10 größten Träume aufzuschreiben. Suche dazu Bilder aus dem Internet oder aus Zeitungen heraus und klebe sie auf ein großes Stück Papier. Das wird Dein Kompass.

Schreibe hier Deine 10 Träume rein, die Du erreichen willst.

Platz für Traumbilder und Wünsche

WOCHE 24. Ich bin voller Energie und Ausdauer

Übung:

Wenn Du etwas erreichen willst und Dir ein Ziel gesetzt hast, dann solltest Du innerhalb von 24 Stunden mit der Umsetzung beginnen. Auch wenn es erstmal nur ein Plan ist.
Der Trick dabei, Ziele zu erreichen, ist es durchzuhalten. Kein Profisportler, Sänger oder Künstler wurde von heute auf morgen so gut. Sie trainieren alle jeden Tag, Tag für Tag. Suche Dir auch etwas in dem Du zum Profi wirst.

Worin wirst Du Profi und wie willst Du es schaffen? Notiere es Dir.

WOCHE 25. Ich bin ein Vorbild für andere

Übung:

Gehe immer mit gutem Beispiel voran. Wenn Du Dich stets korrekt verhältst, werden andere Mensch zu Dir aufschauen. Sie werden so sein wollen wie Du es bist. Suche Dir diese Woche eine richtig coole Aktion, bei der Du als Vorbild hervorstechen wirst. Zum Beispiel, mache eine Müllsammelaktion, sammle Spenden für ein Tierheim oder hilf im Tierheim. Du findest sicher etwas passendes.

Welche Aktion hast Du durchgeführt? Bist Du stolz darauf?

HALBZEIT

WOCHE 26. Ich bin großartig in dem, was ich tue

Übung:

WOW, sieh Dich an! Was Du in den letzten 26 Wochen alles geschafft hast. Du kannst sehr stolz auf Dich sein. Es gibt nicht viele Kinder, die so ehrgeizig sind wie Du.
Ich möchte, dass Du Dir in dieser Woche, Deine 26 Übungen noch einmal durchliest und vor Augen hältst.

Welche Aufgabe war für Dich am schwersten und welche am leichtesten?

____

____

____

____

WOCHE 27. Ich kann andere ermutigen und inspirieren

Übung:

So wie dieses Buch Dich motivieren soll, kannst Du auch andere Kinder inspirieren.
Sprich in dieser Woche Deinen Freunden Mut zu. Gib ihnen die Tipps, die Du zum Beispiel hier gelernt hast oder teile Deine eigenen Erfahrungen.

Wem konntest Du einen richtig guten Tipp geben und welchen?

____

____

____

____

____

____

WOCHE 28. Ich bin geduldig und kann gut zuhören

Übung:

Kennst Du das, wenn jemand nur am Plappern ist und erzählt wie toll er ist? Irgendwann nervt es einfach. Zuhörer hingegen, werden als bessere Gesprächspartner wahrgenommen. Sei diese Woche ein guter Zuhörer und lasse Deine Mitmenschen mal erzählen. Du solltest dabei weniger sprechen und mehr zuhören.

Wem hast Du ein offenes Ohr geschenkt?

WOCHE 29. Ich bin voller Liebe und Güte

Übung:

Ein ähnliches Thema hatten wir schon, aber das ist nicht schlimm. "Glück ist das Einzige, das sich verdoppelt, wenn man es teilt. "
Das sagte der Philosoph Albert Schweitzer schon. Mach Dir Gedanken, wem Du diese Woche, ganz ohne Grund, eine Freude machen kannst und überrasche ihn oder sie damit.
Tipp: Ein selbst gepflückter Blumenstrauß kommt immer gut an.

Wer wurde von Dir überrascht und wie war die Reaktion? Schreibe es hier auf.

____

____

____

____

____

____

WOCHE 30. Ich bin ein Teamplayer und kann gut kooperieren

Übung:

Wenn Du eine Team-Sportart machst, versuche diese Woche mal, Deine Mitspieler noch mehr einzubinden. Spiele öfter ab und motiviere sie.
Ein Team können auch Du und Deine Eltern und/ oder Geschwister sein. „Gehe die Extrameile" und unterstütze sie bei einer Aufgabe.

Wie konntest Du zeigen, dass Du ein Teamplayer bist?

WOCHE 31. Ich habe ein gutes Gespür für Fairness

Übung:

Achte in dieser Woche einmal auf Gelegenheiten, in denen jemand Deiner Meinung nach unfair behandelt wird und äußere Dich dazu. Nimm Stellung.

Für wen hast Du eingestanden?

WOCHE 32. Ich bin ehrlich

Übung:

Ist es Dir schon einmal passiert, dass Du angelogen wurdest? Wie hast Du Dich dabei gefühlt und hast Du vielleicht alles in Frage gestellt, was diese Person Dir noch erzählt hat?
Ehrlichkeit ist nicht immer einfach, weil man andere Menschen nicht verletzen möchte. Doch die meisten Lügen kommen irgendwann ans Tageslicht.
Räume diese Woche mit einer Lüge auf. Es darf auch eine ganz kleine Lüge sein.

Welche Lüge hast Du aus der Welt geschafft und wie fühlt es sich an?

WOCHE 33. Ich bin respektvoll gegenüber anderen und mir selbst

Übung:

Respekt anderen Menschen, Tieren und anderen Lebewesen gegenüber zu haben, ist eine der wichtigsten Wahrheiten im Leben. Nur so bekommst Du auch den nötigen Respekt von anderen Menschen. Bringe diese Woche Personen Respekt entgegen, bei denen Du es in der Vergangenheit vernachlässigt hast. Du wirst direkt merken, wie sich deren Verhalten Dir gegenüber verändert.

Wem hast Du Respekt erwiesen und was hat es mit Dir und Deinem Gegenüber gemacht?

____

WOCHE 34. Ich kann mir Grenzen setzen und "Nein" sagen!

Übung:

Ist die Katze aus dem Haus, tanzen die Mäuse auf dem Tisch. Heißt übersetzt, wenn die Eltern nicht da sind, überschreiten viele Kinder ihre Grenzen. Deine Aufgabe ist es diese Woche, gerade in Situationen, in denen Dich keiner Überwacht, besonders verantwortungsbewusst zu sein.

Gab es in dieser Woche solche Situationen und wenn ja, welche?

WOCHE 35. Ich bin wachsam und aufmerksam

Übung:

Wer mit offenen Augen durchs Leben geht, wird viel mehr Möglichkeiten entdecken, um Erfolgreich zu sein. Deine Aufgabe ist es diese Woche, Gerüche wahrzunehmen. Rieche an Personen, Blumen, Gegenständen und vielleicht einfach mal auf einem Feld oder im Wald.

Was hat für Dich am besten gerochen und was hat gestunken? Schreibe zehn Dinge auf.

WOCHE 36. Ich habe die Fähigkeit, Verantwortung zu übernehmen

Übung:

Alles was Dir geschieht, liegt in Deiner Verantwortung. Zumindest, wie Du mit Situationen umgehst. Wenn Du einmal Mist gebaut hast, dann stehe dazu und biege die Situation wieder gerade – übernimm Verantwortung.

Schreibe eine Situation auf, in der Du diese Woche Verantwortung übernommen hast.

WOCHE 37. Ich kann mir selbst vergeben und weitermachen

Übung:

Du sollst nicht in der Vergangenheit leben. Wenn Du einmal in einer Situation falsch reagiert oder einen Fehler gemacht hast, beschäftige Dich damit, merke Dir, wie Du es beim nächsten Mal besser machst und hake die Sache ab. Es bringt nichts, immer und immer wieder über Vergangenes nachzudenken. Mach Dir diese Woche Gedanken über eine Situation und hake sie ab.

Welche Situation verzeihst Du Dir? Aufschreiben hilft!

WOCHE 38. Ich bin furchtlos und kann Ängste überwinden

Übung:

Angst zu haben ist gesund. Es hindert uns daran, unüberlegte Dinge zu tun. Oft hindert uns unsere Angst aber auch, unsere Komfortzone zu verlassen und neue Dinge zu probieren. Bist Du schon vom Dreimeterturm gesprungen? Wenn nicht, dann ist das Deine Aufgabe für diese Woche. Wenn Du es schon gemacht hast oder Du nicht vom Dreimeterturm springen kannst, dann suche Dir selbst eine Aufgabe, vor der Du immer Angst hattest.

Welche Mutprobe hast Du vollbracht und wie hast Du Dich danach gefühlt?

WOCHE 39. Ich habe die Fähigkeit, anderen zu vergeben

Übung:

Hat Dir schon einmal jemand weh getan oder Dich blöd behandelt, aber bis jetzt nimmst Du es dieser Person übel? Verzeihe ihm oder ihr. Dein ungutes Gefühl im Bauch verschwindet und Du kannst Dich auf positive Dinge im Leben konzentrieren.

Wem hast Du verziehen und wie fühlt es sich für Dich an? Schreib es auf.

WOCHE 40. Ich kann andere um Hilfe bitten, wenn ich sie brauche

Übung:

Nicht alle Aufgaben im Leben musst Du alleine meistern. Wenn Dir etwas schwerfällt, dann frage einfach jemanden ob er Dir helfen kann.

In welcher Situation hast Du diese Woche Hilfe gebraucht?

WOCHE 41. Ich bin dankbar für die Menschen und Dinge in meinem Leben

Übung:

Im Leben ist nicht immer alles selbstverständlich. So sind nicht alle Kinder gesund oder haben viel Geld. Sei diese Woche dankbar, für das, was Du hast.

Schreibe 10 Dinge oder Personen auf, für die Du dankbar bist.

WOCHE 42. Ich kann gut mit Geld umgehen

Übung:

Kennst Du das? Du siehst etwas, wie zum Beispiel Schuhe, ein Spiel oder ein Fahrrad und Du willst es unbedingt haben? Verzichte in dieser Woche auf eine Sache, die Du Dir auf jeden Fall gekauft hättest und spare das Geld.

Jetzt wo die Woche zu Ende ist, willst Du diesen Gegenstand immer noch?

WOCHE 43. Ich kann andere akzeptieren, wie sie sind, ohne sie zu verurteilen

Übung:

Hast Du jemanden im Umfeld, der anders aussieht, behindert oder einfach nicht sehr talentiert ist? Schenke ihm diese Woche Deine Aufmerksamkeit. Unternimm etwas mit dieser Person oder hilf ihr bei etwas.

Mit wem hast Du Zeit verbracht und was habt ihr gemacht?

WOCHE 44. Ich bin ein aufmerksamer Schüler und lerne gerne

Übung:

Ich weiß, das hast Du schon tausend Mal gehört, aber die Schule ist die Grundlage für Deinen Erfolg. Je mehr Du im Unterricht aufpasst, desto leichter fallen Dir die Klassenarbeiten. Gib Dir diese Woche so viel Mühe, dass es Deinen Lehrern auffällt.

Welcher Lehrer hat gemerkt, dass Du Dir Mühe gibst und was hat er/sie gesagt?

WOCHE 45. Ich kann mich mit mir selbst beschäftigen

Übung:

Alleine mit Dir Zeit zu verbringen kann so viele gute Dinge hervorbringen. Du kannst Dich voll und ganz auf Deine Gedanken konzentrieren und zum Beispiel ein Buch schreiben, eine Idee entwickeln, lesen oder malen. Nutze diese Woche einmal, um alleine etwas zu gestalten.

Was hast Du gemalt, geschrieben oder entwickelt?

WOCHE 46. Ich lästere nicht über andere Menschen

Übung:

Achte mal darauf – Menschen die ständig schlecht über andere reden, haben oft nicht viel über sich zu erzählen und versuchen dadurch, dass sie andere schlecht dastehen lassen, zu glänzen. Versuche diese Woche einmal, nie schlecht, sondern nur gut über andere zu sprechen. Wenn es Dir schwerfällt, weil andere es tun, wechsele das Thema.

In welchen Situationen ist Dir aufgefallen, dass Du schlecht über jemand sprechen wolltest?

____

____

____

____

____

____

WOCHE 47. Ich nutze jeden Tag als neue Chance, etwas Neues zu lernen

Übung:

Ist Dir schon einmal etwas nicht gleich gelungen und Du hast es nicht noch einmal versucht? Nutze diese Übung dazu etwas noch einmal anzugehen, das Du bereits aufgegeben hast. Zum Beispiel: Schwimmen, Fahrrad fahren, Einrad fahren oder ein Instrument spielen.

Was hast Du noch einmal versucht und kannst Du es jetzt?

____

____

____

____

____

____

WOCHE 48. Ich kann Geheimnisse für mich behalten

Übung:

Wenn Dir jemand ein Geheimnis verrät, dann bleibt es auch euer Geheimnis. Du weißt, dass viele Menschen alles weiter erzählen um besser dazustehen. Wenn herauskommt, dass Du es weitererzählt hast, erzählt Dir keiner mehr etwas.

Hast Du schon einmal ein Geheimnis weiter geplappert und es kam raus?

WOCHE 49. Ich bin vertrauenswürdig

Übung:

Es gibt nichts Schöneres, als wenn Du jemandem zu 100% vertrauen kannst. Du weißt, wenn Dir diese Person sagt, dass der Fluss bergauf fließt, Du Dich darauf verlassen kannst. Sei so eine Person. Halte ein, was Du versprichst. Achte diese Woche darauf, dass alles was Du sagst, auch wirklich so ist und dass man darauf vertrauen kann, was Du sagst.

Mache eine Liste von Menschen, denen Du zu 100% vertraust.

WOCHE 50. Ich bin bescheiden

Übung:

Kennst Du die Leute, die immer auf den Putz hauen und erzählen, wie toll sie sind? Jeder denkt sich nur „was für ein Angeber!"
Viel schöner ist es, wenn andere von Deinen Erfolgen erzählen.
Sei diese Woche so jemand und lobe einen Freund im Beisein anderer Menschen, für etwas, das er gut gemacht hat.

Schreibe hier fünf tolle Dinge auf, die andere Personen geleistet haben.

WOCHE 51. Ich lasse andere Menschen aussprechen

Übung:

Jemandem ins Wort zu fallen ist unhöflich und es nervt ungemein. Achte diese Woche darauf, dass Du andere Menschen aussprechen lässt.

In welcher Situation hast Du Dein Gegenüber aussprechen lassen und Dich selbst dabei erwischt, beinahe dazwischen zu quatschen?

WOCHE 52. Ich schlafe gut ein und schlafe durch

Übung:

Gesunder Schlaf ist das A und O. Nur im Schlaf findet unser Körper die nötige Ruhe um den Tag zu verarbeiten. Erinnerungen bilden sich und Muskeln wachsen. Entwickle Dir in dieser Woche eine Einschlafroutine, damit Du schnell einschläfst und gut durchschläfst.

Was wirst Du in Zukunft ändern, um besser einschlafen zu können?

Herzlichen Glückwunsch!

Du hast nun ein ganzes Jahr an Dir gearbeitet und viele positive Affirmationen und Glaubenssätze gelernt. Ich bin davon überzeugt, dass Du Dich im Positiven weiterentwickelt hast.

Es ist wichtig, dass Du weißt, dass Du ein einzigartiger und wertvoller Mensch bist. Du hast die Fähigkeiten, Großartiges zu erreichen und jeden Tag zu einem besonderen Tag zu machen. Die Affirmationen in diesem Buch helfen Dir, Dein inneres Feuer zu entfachen und Deine positiven Eigenschaften zu entdecken.

Du schaffst alles, was Du Dir vornimmst. Es wird Momente geben, in denen Du vor Herausforderungen stehst, aber sei Dir sicher, dass Du stark genug bist, um sie zu meistern. Sei mutig und gib niemals auf! Deine Entschlossenheit wird Dich auf dieser Reise begleiten.

Lerne, Dich selbst zu lieben und zu akzeptieren, wie Du bist. Sei freundlich zu Dir selbst und zu Deinen Mitmenschen. Zeige Mitgefühl und Empathie und Du wirst sehen, wie viel Positives Du bewirken kannst und schließlich zurückbekommst.

Denke immer daran, dass keiner perfekt sein muss, niemand ist es. Wir alle machen Fehler und lernen daraus. Siehe Deine Fehler als Chancen, zu wachsen und stärker zu werden. Sei geduldig mit Dir selbst und gib dir Zeit, zu lernen und zu verstehen.

Nutze die Tipps in diesem Buch, um jeden Tag bewusster zu gestalten. Wiederhole sie laut und in Gedanken und spüre, wie sie Dich stärken und sicherer machen.

Dieses Jahr war eine Reise voller Entdeckungen, Abenteuer und wertvoller Lektionen. Vertraue auf Deine Fähigkeiten, bleibe neugierig und offen für neue Erfahrungen.

Ich wünsche Dir ein Leben voller Liebe, Glück und Erfolg. Du bist ein ganz besonderer Mensch und ich bin mir sicher, dass Du alles erreichen wirst, was Du Dir vornimmst. Glaube an Dich selbst, denn Du hast die Fähigkeit, Deine Träume zu verwirklichen.

In Liebe und festem Glaube an Dich,

Christian Wölk

Kennst Du schon unsere anderen Produkte?

Süße Tierbilder für Mädchen

Süße Tierbilder für Jungs

Mein ABC Malbuch

Malbuch - Sommerurlaub am Meer

WIR LERNEN DAS ABC UND ZAHLEN ZU SCHREIBEN

Kritzelbuch
Urlaub auf dem Bauernhof

ABC und Zahlenposter

Wenn Dir dieses Buch gefällt, freuen wir uns sehr über Deine Bewertung.
Solltest Du Änderungsvorschläge oder Anregungen haben, zögere nicht uns eine E-Mail zu schreiben: amazon@woelk-group.de

Du hilfst uns damit sehr, vielen Dank!

Impressum:
Christian Wölk
Schumannstr. 2
35510 Butzbach

Mit liebevoller Unterstützung von Simone Wölk

wölkchen

Printed in Poland
by Amazon Fulfillment
Poland Sp. z o.o., Wrocław

34614239R00045